Philipp Keel

Alles über mich

Aus dem Amerikanischen
von Johannes Schwab

Knaur

Originaltitel: All About Me
Originalverlag: Broadway Books, New York

Die Folie des Schutzumschlags sowie die Einschweißfolie
sind PE-Folien und biologisch abbaubar.
Dieses Buch wurde auf chlor- und säurefreiem Papier gedruckt.

Umschlaggestaltung: Agentur Zero, München
Satz: QuarkXPress im Verlag
Druck und Bindung: Clausen und Bosse, Leck
Printed in Germany
ISBN 3-426-66611-1

2 4 5 3 1

Mit Fragen verraten wir nicht nur unsere Neugier, sondern laden auch andere Menschen dazu ein, ihre Gefühle, Wünsche und Ängste auszudrücken. Dieses Buch hilft auf spielerische Weise, Fragen zu stellen und zu beantworten, mit Freunden, Partnern, der Familie, Kollegen, jemandem, den Sie gerade kennengelernt haben – oder einfach nur mit sich selbst.

Wie auch immer Sie *Alles über mich* benützen werden, versuchen Sie möglichst spontan zu antworten. Die erste Antwort, die Ihnen in den Sinn kommt, ist meistens die beste. Hoffentlich werden Sie mit diesem Buch bei sich und anderen viel Neues und Interessantes entdecken. Vielleicht machen Sie auch nur die traurige Erfahrung, daß Sie nie wieder eine dieser Fragen stellen oder beantworten wollen.

Dieses Buch ist allen gewidmet, die andere nicht genug gefragt haben, und jenen, die nie gefragt wurden.

Philipp Keel

INHALT

DEINE PERSÖNLICHEN DATEN

Name: ______________________________

Adresse: ______________________________

Telefonnummer: ______________________________

Heutiges Datum: ______________________________

Geburtsort: ______________________________

Geburtsdatum: ______________________________

Sternzeichen: ______________________________

Beruf: ______________________________

Schulabschluß: ______________________________

Größe: ________________ Gewicht: ________________

Haarfarbe: ________________ Augenfarbe: ________________

Besondere Kennzeichen: ______________________________

Blutgruppe: ________________ Allergien: ________________

____

Vollständiger Name der Mutter: ______________________________

Geburtsdatum: ______________________________

Vollständiger Name des Vaters: ______________________________

Geburtsdatum: ______________________________

Mädchenname der Mutter: ______________________________

Namen der Geschwister:	Alter:
______________________	______________________
______________________	______________________
______________________	______________________

Namen der Großeltern mütterlicherseits: ______________________________

Namen der Großeltern väterlicherseits: ______________________________

Familie der Mutter stammt aus: ______________________________

Familie des Vaters stammt aus: ______________________________

Berühmter oder bekannter Verwandter oder Vorfahr: ______________________________

Auch wenn du vielleicht keinen absoluten »Favoriten« hast,
solltest du die folgenden Fragen spontan beantworten.
Die beste Antwort ist der erste Gedanke, der dir in den Sinn kommt.

Eine Farbe, die du gerne trägst: ______________________________

Unabhängig von der Größe oder den
Umständen hättest du gerne dieses Haustier: ______________________

Eine Blume, die du gerne in deinem Garten züchten würdest: ____________

Deine Glückszahl: ______________________________________

Ein Geruch, auf den du sofort reagierst: ________________________

Ein Geschmack, bei dem du schwach wirst: ______________________

Ein Hobby, dem du viel Zeit widmest: __________________________

Eine Sportart, bei der du gerne zusiehst: ________________________

Ein Sport, den du gerne treibst: ______________________________

Eine Stadt, die du gerne besuchst: ____________________________

Ein Land, in dem du gerne reist: ______________________________

Dein Leibgericht: ______________________________

Ein Getränk, das du oft bestellst: ______________________________

Eine unglaubliche Nachspeise: ______________________________

Ein Spiel, das du gerne spielst: ______________________________

Ein Buch, das du gerne weiterempfiehlst: ______________________________

Ein Autor, der dich bewegt hat: ______________________________

Die Zeitschrift, die du am häufigsten liest: ______________________________

Die Zeitung, die du sonntags am liebsten liest: ______________________________

Musik, die du am liebsten hörst, wenn du allein bist: ______________________________

Der Sänger/die Sängerin oder die Band, die du momentan am häufigsten hörst:

____

Ein Film, den du dir immer wieder ansehen könntest: ______________________________

____

Ein Regisseur, den du bewunderst: ______________________________

Eine Schauspielerin, die du bewunderst: ____________________

Ein Schauspieler, den du bewunderst: ____________________

Eine Fernsehsendung, die du regelmäßig siehst: ____________________

Ein Künstler, vor dessen Werk du große Achtung hast: ____________________

Ein Kleidungsstück, das du sehr gerne trägst: ____________________

Ein Gebäude oder Monument, das du gerne von deinem Schlafzimmerfenster aus sehen würdest:

____

Deine liebste Tageszeit: ____________________

Der Platz, an dem du zu Hause am liebsten sitzt: ____________________

Was du sonntags am liebsten tust: ____________________

____

Dein Motto: ____________________

____

Deine Kinder: Alter:

______________________ ______________________

______________________ ______________________

______________________ ______________________

Deine Haustiere: ______________________

Du wohnst in einem/einer: ______________________

Dein Fortbewegungsmittel: ______________________

Dein durchnittliches Jahreseinkommen: ______________________

- ❍ Du verdienst mehr Geld als je zuvor.
- ❍ Du hättest immer geglaubt, du würdest einmal mehr verdienen.
- ❍ Du hättest niemals geglaubt, du würdest je so viel verdienen.

Durchschnittliche Stundenzahl, die du pro Woche arbeitest: ______________________

- ❍ Du würdest lieber weniger arbeiten.
- ❍ Du würdest lieber mehr arbeiten.

Deine Armbanduhr: ______________________________

Dein Parfum oder After Shave: ______________________________

Etwas Wichtiges auf deinem Schreibtisch: ______________________________

An deiner Wand hängt: ______________________________

Unter dem Bett oder im Kleiderschrank versteckst du: ______________________________

Etwas Wichtiges auf deinem Nachttisch: ______________________________

Beim Schlafen trägst du: ______________________________

Was du in einem Tresor aufbewahren würdest:

____

Dinge, die du gerne kaufst: ______________________________

Wenn du es dir momentan leisten könntest, würdest du folgendes kaufen:

____

Du sammelst: ______________________________

Du hast zu wenig(e): ______________________________

Dein merkwürdigster Besitz: ______________________________

Dein kostspieligster Besitz: ______________________________

Dein liebster Besitz: ______________________________

Materielle Güter sind: ______________________________

Wenn dein Haus brennen würde und du nur drei Dinge retten könntest, wären das:

1 ______________________________

2 ______________________________

3 ______________________________

Etwas Verbotenes, was du getan hast,
das sogar deine engsten Freunde überraschen könnte: ______________________

____

Vor diesem Alter sollte man nicht heiraten: ______________________

Vor diesem Alter sollte man keine Kinder haben: ______________________

Das richtige Alter für die erste sexuelle Erfahrung: ______________________

Das erste Mal hattest du Sex mit: ______________________

Deine letzte Lüge: ______________________

Wenn du durch eigenes Verschulden zu spät zu einer Verabredung kommst,

❍ schwindelst du. ❍ sagst du die Wahrheit.

Eine Lüge, die du dir selbst einredest: ______________________

____

Ein Diebstahl, der das Risiko nicht wert war: ______________________

____

Jemand, den du – in Gedanken – umgebracht hast:

____

Jemand, den du umbringen würdest, wenn es erlaubt wäre:

____

Etwas, wonach du süchtig bist: ______________________________

Drogen oder alkoholische Getränke, die du regelmäßig konsumierst:

____

Wenn es keine Nebenwirkungen gäbe, wärst du gerne süchtig nach:

____

Drogen, die du schon mal ausprobiert hast: ______________________

Eine Droge, die du niemals ausprobieren würdest: __________________

Eine Droge, die du nie wieder nehmen wirst: ______________________

Ein Kind zu schlagen ist eine angemessene Form der Erziehung.

❍ Ja ❍ Nein

Als Erwachsene(r) hast du eine Frau geschlagen. ❍ Ja ❍ Nein

Wenn ja, weshalb? ______________________________

Als Erwachsene(r) hast du einen Mann geschlagen. ❍ Ja ❍ Nein

Wenn ja, weshalb? ______________________________

Du wurdest schon einmal verhaftet. ❍ Ja ❍ Nein

Wenn ja, weshalb? ______________________________

Du hast heimlich das Tagebuch einer anderen Person gelesen oder ihre Sachen durchgesehen. ❍ Ja ❍ Nein

Wenn ja, was trifft den Grund dafür am besten?

❍ Eifersucht ❍ Mißtrauen ❍ Neugier

❍ Jemand anders hat dich darum gebeten

Wenn ja, was hast du entdeckt? ______________________________

____

____

Wie würdest du reagieren, wenn dein Partner dich betrügt? ____________________

____

Du hast deinen Partner selbst betrogen. ❍ Ja ❍ Nein

Eine Situation, in der du die Gefühle eines anderen absichtlich verletzt hast:

____

____

Du hast dich entschuldigt. ❍ Ja ❍ Nein

Eine Situation, in der du die Gefühle eines anderen aus Versehen verletzt hast:

____

____

Du hast dich entschuldigt. ❍ Ja ❍ Nein

Du schuldest jemandem Geld und zögerst
es hinaus, es zurückzuzahlen. ❍ Ja ❍ Nein

Wenn ja, wie hoch ist der Betrag? ____________________________________

Glaubst du an Gott? ❍ Ja ❍ Nein

Beschreibe Gott: ____

____

Mit welcher Religion bist du aufgewachsen? ________________________

Praktizierst du diese Religion? ❍ Ja ❍ Nein

Dein spirituellster Augenblick: ________________________________

Das letzte Mal, als du in einer Kirche warst: ________________________

Tod ist: ____

____

So stellst du dir das Ende der Welt vor: __________________________

____

Gott hat zu dir gesprochen. ❍ Ja ❍ Nein

Wenn ja, was hat Er dir gesagt? ______________________________

____

Glaubst du, daß die meisten Kriege religiöse Ursachen haben? ❍ Ja ❍ Nein

Gibt es Leben auf anderen Planeten? ❍ Ja ❍ Nein

Haben Außerirdische Kontakt zu uns aufgenommen? ❍ Ja ❍ Nein

Glaubst du, wir stammen von Adam und Eva ab? ❍ Ja ❍ Nein

Glaubst du an die Evolutionstheorie? ❍ Ja ❍ Nein

Glaubst du an Astrologie? ❍ Ja ❍ Nein

Liest du regelmäßig dein Horoskop? ❍ Ja ❍ Nein

Wenn ja, warum? ______________________________

____

Glaubst du an Wiedergeburt? ❍ Ja ❍ Nein

Wenn es Reinkarnation gibt, willst du wiederkommen als:

____

Was ist deine Meinung

zum Recht auf Abtreibung:	❍ Pro	❍ Contra
zum Recht auf Waffenbesitz:	❍ Pro	❍ Contra
zum Wohlfahrtsstaat:	❍ Pro	❍ Contra
zur Todesstrafe:	❍ Pro	❍ Contra
zu Rechten und Sozialleistungen für illegale Einwanderer:	❍ Pro	❍ Contra
zur Freigabe von Drogen:	❍ Pro	❍ Contra
zur Gleichberechtigung für Homosexuelle:	❍ Pro	❍ Contra
zum vorehelichen Geschlechtsverkehr:	❍ Pro	❍ Contra

Welches Thema beschäftigt dich am meisten?
(Du kannst ein Thema aus der Liste auswählen oder ein anderes nennen.)

____

Für dieses Anliegen hast du

❍ Zeit aufgewendet. ❍ Geld gespendet. ❍ nichts getan.

Der erste Schritt zur Bekämpfung von Armut: ______________________________

____

Der erste Schritt zur Bekämpfung von Rassismus: ___________________________

____

Das Umweltproblem, das dir am meisten Sorge bereitet: ______________________

____

Glaubst du, man wird durch seinen Beruf definiert? ❍ Ja ❍ Nein

Warum? ____

____

____

Politisch betrachtest du dich als

❍ fortschrittlich ❍ liberal ❍ konservativ.

Das schlimmste Verbrechen an der Menschheit: _____________________________

Das schlimmste politische Verbrechen: ____________________________________

Die Mindeststrafe für Kindesmißbrauch: ______________________________

____

Die Mindeststrafe für Vergewaltigung: ______________________________

____

Deine Meinung zum Militär: ______________________________________

____

____

Deine Meinung zur Wehrpflicht: __________________________________

____

____

Du würdest an einem Krieg teilnehmen, wenn ________________________

____

____

Drei Dinge, die du an deiner Mutter magst:

1 ______________________________

2 ______________________________

3 ______________________________

Drei Dinge, die du an deinem Vater magst:

1 ______________________________

2 ______________________________

3 ______________________________

Welche Frage war leichter zu beantworten? ❍ Mutter ❍ Vater

Charakterzüge oder körperliche Merkmale, die du von deiner Mutter geerbt hast:

____

____

Drei Dinge, die du an deiner Mutter nicht magst:

1 ____________________

2 ____________________

3 ____________________

Drei Dinge, die du an deinem Vater nicht magst:

1 ____________________

2 ____________________

3 ____________________

Welche Frage war leichter zu beantworten? ❍ Mutter ❍ Vater

Charakterzüge oder körperliche Merkmale, die du von deinem Vater geerbt hast:

____

____

In deiner Kindheit haben deine Eltern

- ❍ genügend Zeit mir dir verbracht.
- ❍ zu viel Zeit mir dir verbracht.
- ❍ nicht genügend Zeit mir dir verbracht.

Das Thema, über das du mit deinen Eltern am häufigsten gestritten hast:

____

____

Die schönste Kindheitserinnerung an deine Eltern: ____________________

____

Die schrecklichste Kindheitserinnerung an deine Eltern: ________________

____

Angenommen, du würdest deine Eltern nicht kennen; welchen würdest du dir als Mutter und Vater aussuchen:

Mutter: ____

Vater: ____

Wenn das nicht möglich wäre, würdest du dir diese beiden berühmten Persönlichkeiten als Mutter und Vater aussuchen:

Mutter: ______________________________

Vater: ______________________________

Glaubst du, du hast deiner Mutter oft genug gesagt, daß du sie liebst? ❍ Ja ❍ Nein

Glaubst du, du hast deinem Vater oft genug gesagt, daß du ihn liebst? ❍ Ja ❍ Nein

Hat deine Mutter dir oft genug gesagt, daß sie dich liebt? ❍ Ja ❍ Nein

Hat dein Vater dir oft genug gesagt, daß er dich liebt? ❍ Ja ❍ Nein

Deine Mutter sagte oft: ______________________________

____

Dein Vater sagte oft: ______________________________

____

Wem siehst du ähnlicher? ❍ Mutter ❍ Vater

Etwas, das du deinen Eltern nie verziehen hast: ____________________

____

Was wäre nötig, damit du ihnen verzeihst? ____________________

Wenn du dir deine Mutter als Tier vorstellen müßtest, wäre sie:

____

Wenn du dir deinen Vater als Tier vorstellen müßtest, wäre er:

____

Etwas, das du mit deinen Geschwistern gemeinsam hast: ____________________

Etwas, das du mit deinen Geschwistern nicht gemeinsam hast:

____

Der Verwandte, den du am liebsten magst: ____________________

Warum? ____

Der Verwandte, den du am wenigsten magst: ____________________

Warum? ____

Wenn du mit deinen Angehörigen nicht verwandt wärst, würdest du diese drei trotzdem gerne als Freunde haben:

1 ______________________________

2 ______________________________

3 ______________________________

Wenn du dir deine Geschwister als Tiere vorstellen müßtest, wären sie:

Name	Tier:
______________	______________
______________	______________
______________	______________

Etwas, das du deiner Mutter wünschst: ______________________________

____

Etwas, das du deinem Vater wünschst: ______________________________

____

(Freund im folgenden immer auch Freundin bedeuten.)

Drei Eigenschaften, die dir bei einem Freund wichtig sind:

1 ______________________________

2 ______________________________

3 ______________________________

Der Freund, den du am längsten kennst:

______________________ Anzahl der Jahre: ______________

Ist es ein enger Freund? ❍ Ja ❍ Nein

Warum oder warum nicht? ______________________

Der Freund, den du am meisten vermißt: ______________________

Wann hast du diesen Freund zum letzten Mal gesehen? ______________

Wann glaubst du, wirst du diesen Freund wiedersehen? ______________

Ein Freund, der dich oft zum Lachen bringt: ______________________

Ein Freund, dem du alles erzählen kannst: ______________________

Ein Freund, den du um Rat fragen kannst: ______________________

Der beste Rat, den dir dieser Freund gegeben hat: ______________________

____

Ein Freund, mit dem du Pferde stehlen kannst: ______________________

Das größte Abenteuer, das du mit diesem Freund erlebt hast: ______________________

____

Ein Freund, mit dem du flirten kannst: ______________________

Ein Freund, mit dem du nicht soviel flirten solltest: ______________________

Ein Freund, den du gerne küssen würdest: ______________________

Ein Freund, den du besser nicht geküßt hättest: ______________________

Ein Freund, den du nicht ernst nimmst: ______________________

Ein Freund, den du bald verlieren könntest: ______________________

Warum? ____

____

Ein Freund, den du verloren hast (ausgenommen durch Tod): ____________

- ❍ Du hoffst, diesen Freund einmal wiederzusehen.
- ❍ Du hoffst, diesen Freund niemals wiederzusehen.
- ❍ Wenn du diesen Freund einmal wiedersehen würdest, ließe es dich kalt.

Ein Freund, der etwas tut oder vertritt, was du nicht akzeptieren kannst:

____

Beschreibe, was du nicht akzeptieren kannst: ____________

____

Ein Freund, dem du gerne näher wärst: ____________

Was hindert dich daran? ____________

____

Ein Freund, dem du niemals Geld leihen würdest: ____________

Warum? ____________

____

Ein Freund, der dich betrogen hat: ______________________

Wie hat dieser Freund dich betrogen? ______________________

Hast du diesem Freund verziehen? ❍ Ja ❍ Nein

Ein Freund, der etwas Schreckliches getan hat, dem du aber verziehen hast:

____

Beschreibe, was du verziehen hast: ______________________

____

Ein Freund, dem du verzeihen solltest: ______________________

Ein Freund, den du zum Paten deines Kindes machen würdest:

____

Ein Freund, dem du etwas Wichtiges zu sagen hast,
wozu dir aber der Mut fehlt: ______________________

Was willst du ihm sagen? ______________________

____

Deine beiden engsten Freunde:

1 ______________________________

2 ______________________________

Eine Eigenschaft, die du an ihnen bewunderst:

1 ______________________________

2 ______________________________

Eine Eigenschaft, die sie ablegen sollten:

1 ______________________________

2 ______________________________

Ein Tier, das sie am besten charakterisiert:

1 ______________________________

2 ______________________________

Deine Mutter ist deine Freundin. ❍ Ja ❍ Nein

Dein Vater ist dein Freund. ❍ Ja ❍ Nein

Dein bester Freund in der Kindheit: ______________________

Dein größter Feind in derKindheit: ______________________

Dein bester Freund in der Jugend: ______________________

Dein größter Feind in der Jugend: ______________________

(Wenn du noch nicht erwachsen bist, beantworte die nächsten beiden Fragen nicht. Wenn es dann soweit ist, hol' dir ein neues Alles über mich.*)*

Dein bester Freund als Erwachsener: ______________________

Dein größter Feind als Erwachsener: ______________________

Wenn du könntest, wohin würdest du deinen größten Feind verbannen?

____

Kannst du deinen Feinden verzeihen? ❍ Ja ❍ Nein

Wenn nein, warum nicht? ______________________

____

Der Freund, der dir am ähnlichsten ist: ______________________________

Inwiefern? ____

____

____

Der Freund, der dir am wenigsten ähnlich ist: __________________________

Inwiefern? ____

____

____

Der Freund, der dich am meisten Kraft kostet: __________________________

____

Ein Freund, den du in der Hölle wiedersehen wirst: ______________________

____

Ein Freund, den du im Himmel wiedersehen wirst: _______________________

____

Deine drei besten Eigenschaften:

1 ______________________________

2 ______________________________

3 ______________________________

Deine drei schlechtesten Eigenschaften:

1 ______________________________

2 ______________________________

3 ______________________________

Mit welcher dieser drei schlechtesten Eigenschaften hast du am häufigsten zu kämpfen?

❍ 1 ❍ 2 ❍ 3

Welche der drei schlechtesten Eigenschaften hast du abzulegen versucht?

❍ 1 ❍ 2 ❍ 3

Drei Worte, die beschreiben, wie andere dich sehen:

1 ______________________________

2 ______________________________

3 ______________________________

Drei Worte, mit denen du dein Idealbild von dir selbst beschreiben würdest:

1 ______________________________

2 ______________________________

3 ______________________________

Drei Dinge, für die du oft Komplimente bekommst:

1 ______________________________

2 ______________________________

3 ______________________________

Welches der drei bedeutet dir am meisten?

❍ 1 ❍ 2 ❍ 3

Ein Kompliment, bei dem du rot geworden bist: ______________________

____

Wer hat dir dieses Kompliment gemacht? ______________________

Eine Beleidigung, die dich verletzt hat: ______________________

____

Wie hast du auf diese Beleidigung reagiert? ______________________

____

Etwas, das du viel besser kannst als die meisten Leute, die du kennst:

____

Das Tier, das dich am besten charakterisiert: ______________________

Es macht dich verlegen, wenn andere ______________________

Es macht dich verlegen, wenn du ______________________

Der größte körperliche Schmerz, den du je ertragen hast: ______________________

____

Der größte seelische Schmerz, den du je ertragen hast: ______________________

____

Dein stolzester Augenblick: ______________________

____

Jemand, der diesen Augenblick mit dir geteilt hat: ______________________

____

Der Augenblick, für den du dich am meisten schämst: ______________________

____

Jemand, der diesen Augenblick miterlebt hat: ______________________

Wenn du dich mit anderen über dein Berufsleben unterhältst, neigst du zu

❍ Übertreibungen. ❍ Untertreibungen. ❍ Sachlichkeit.

Wenn du dich mit anderen über dein Liebesleben unterhältst, neigst du zu

❍ Übertreibungen. ❍ Untertreibungen. ❍ Sachlichkeit.

Wenn du Geschichten erzählst oder deinen Tagesablauf schilderst, neigst du zu

❍ Übertreibungen. ❍ Untertreibungen. ❍ Sachlichkeit.

Wenn du keine Verpflichtungen gegenüber anderen hättest, würdest du ______________

____

Die Anzahl Drinks, der du standhalten kannst: ______________________________

Was dir an deinem Körper am besten gefällt: ________________________________

____

Du hast schon einmal an eine Schönheitsoperation gedacht. ❍ Ja ❍ Nein

Wenn es dir gutgeht, hast du Ähnlichkeit mit dieser berühmten Persönlichkeit:

____

Wenn es dir schlecht geht, hast du Ähnlichkeit mit dieser berühmten Persönlichkeit:

____

Schreibe eine Schlagzeile, die du gerne über dich lesen würdest: ______________

____

Deine letzte selbstlose Tat: ____

____

Schreibe spontan alles auf, was dir in den Sinn kommt.

Schreibe spontan alles auf, was dir in den Sinn kommt.

Du führst ein Tagebuch.	❍ Ja	❍ Nein
Du kochst gerne.	❍ Ja	❍ Nein
Du treibst regelmäßig Sport.	❍ Ja	❍ Nein
Du kritzelst beim Telefonieren vor dich hin.	❍ Ja	❍ Nein
Du hast im letzten Monat ein Buch gelesen.	❍ Ja	❍ Nein
Du ersetzt das Toilettenpapier sofort.	❍ Ja	❍ Nein
Du magst Kreuzworträtsel.	❍ Ja	❍ Nein
Du warst auf dem Eiffelturm.	❍ Ja	❍ Nein
Du hast ein Geheimnis, das du noch niemandem anvertraut hast.	❍ Ja	❍ Nein
Du wartest mit dem Tanken immer bis zum letzten Augenblick.	❍ Ja	❍ Nein
Du schnarchst.	❍ Ja	❍ Nein
Du warst schon einmal im Land deiner Vorfahren.	❍ Ja	❍ Nein
Du liest auf der Toilette.	❍ Ja	❍ Nein
Krank sein ist wie Urlaub.	❍ Ja	❍ Nein
Du hast oft Besuch.	❍ Ja	❍ Nein
Du magst Amerika.	❍ Ja	❍ Nein
Du kannst dir Witze merken.	❍ Ja	❍ Nein
Du spielst Karten.	❍ Ja	❍ Nein
Du faltest deine Unterwäsche.	❍ Ja	❍ Nein
Du sprichst im Schlaf.	❍ Ja	❍ Nein
Du ißt schnell.	❍ Ja	❍ Nein

Du gibst Batterien zum Sondermüll.	❍ Ja	❍ Nein
Du kaufst meistens Sonderangebote.	❍ Ja	❍ Nein
Du wanderst gerne.	❍ Ja	❍ Nein
Du telefonierst gerne.	❍ Ja	❍ Nein
Du rasierst dich regelmäßig.	❍ Ja	❍ Nein
Du stellst deine Uhr ein paar Minuten vor.	❍ Ja	❍ Nein
Du kommst immer zu spät.	❍ Ja	❍ Nein
Du hast oft Kopfschmerzen.	❍ Ja	❍ Nein
Du rauchst.	❍ Ja	❍ Nein
Es gibt ein Nacktfoto von dir.	❍ Ja	❍ Nein
Du kannst pfeifen.	❍ Ja	❍ Nein
Du schreibst regelmäßig Briefe.	❍ Ja	❍ Nein
Du glaubst an Vorbestimmung.	❍ Ja	❍ Nein
Du putzt dir dreimal täglich die Zähne.	❍ Ja	❍ Nein
Es gibt etwas, das du gerne beichten möchtest.	❍ Ja	❍ Nein
Du beziehst das Bett jede Woche neu.	❍ Ja	❍ Nein
Du kaust an den Fingernägeln.	❍ Ja	❍ Nein
Du bohrst in der Nase.	❍ Ja	❍ Nein
Du bist Vegetarier.	❍ Ja	❍ Nein
Du hast allein in einem Restaurant gegessen.	❍ Ja	❍ Nein
Du bist allein ins Kino gegangen.	❍ Ja	❍ Nein
Du bist allein in Urlaub gefahren.	❍ Ja	❍ Nein

Du liest täglich die Zeitung.	❍ Ja	❍ Nein
Du hast in den letzten fünf Jahren keinen Fön benutzt.	❍ Ja	❍ Nein
Du hast noch nie an einem Computer gearbeitet.	❍ Ja	❍ Nein
Du hattest schon einmal Sex in einem Flugzeug.	❍ Ja	❍ Nein
Du hast im Zorn deine Mutter oder deinen Vater geschlagen.	❍ Ja	❍ Nein
Du entschuldigst dich, wenn du glaubst, im Unrecht zu sein.	❍ Ja	❍ Nein
Bei hitzigen Diskussionen verlierst du den Kopf.	❍ Ja	❍ Nein
Wenn der Wecker klingelt, stehst du sofort auf.	❍ Ja	❍ Nein
Du bist gestillt worden.	❍ Ja	❍ Nein
Du hebst Briefe und Postkarten auf.	❍ Ja	❍ Nein
Du magst Parties.	❍ Ja	❍ Nein
Du hast deinen Eltern schon einmal Geld gestohlen.	❍ Ja	❍ Nein
Du hast schon einmal mit einem Gewehr geschossen.	❍ Ja	❍ Nein
Du hast oft das letzte Wort.	❍ Ja	❍ Nein
Weniger ist mehr.	❍ Ja	❍ Nein
Du gibst Obdachlosen Geld.	❍ Ja	❍ Nein
Geld hat deinen Charakter beeinflußt.	❍ Ja	❍ Nein
Du weißt, wer du bist.	❍ Ja	❍ Nein
Du läßt dich gerne fotografieren.	❍ Ja	❍ Nein
Das Leben meint es gut mit dir.	❍ Ja	❍ Nein

Drei Menschen, die du für Genies hältst:

1 ______________________________

2 ______________________________

3 ______________________________

Drei Erfindungen, die du für genial hältst:

1 ______________________________

2 ______________________________

3 ______________________________

Deine drei liebsten Spiele oder Spielzeuge aus der Kindheit:

1 ______________________________

2 ______________________________

3 ______________________________

Drei Worte, die du oft gebrauchst:

1 ______________________________

2 ______________________________

3 ______________________________

Drei Geräusche, die dich stören:

1 ______________________________

2 ______________________________

3 ______________________________

Drei schmerzliche Lektionen:

1 ______________________________

2 ______________________________

3 ______________________________

Drei Dinge, die du niemals tun würdest:

1 ______________________________

2 ______________________________

3 ______________________________

Drei Wohltätigkeitsorganisationen oder Personen, denen du Geld spenden würdest:

1 ______________________________

2 ______________________________

3 ______________________________

Drei Dinge, die du deinen Kindern verbieten würdest:

1 ______________________________

2 ______________________________

3 ______________________________

Drei Dinge, die du gerne rückgängig machen würdest:

1 ______________________________

2 ______________________________

3 ______________________________

Drei Dinge, für die du dankbar bist:

1 ______________________________

2 ______________________________

3 ______________________________

Dein Traum: ______________________________

____

Deine Hoffnung: ______________________________

____

Wenn du das Talent oder die Möglichkeit hättest, würdest du ______________

____

Etwas, das du gerne im Handumdrehen lernen würdest: ______________

____

Etwas, das du an deinem Leben gerne ändern würdest: ______________

____

Etwas, das du an dir gerne ändern würdest: ______________

____

Du würdest gerne einer anderen Rasse angehören.	❍ Ja	❍ Nein
Du würdest gerne einer anderen Religion angehören.	❍ Ja	❍ Nein
Du würdest gerne dem anderen Geschlecht angehören.	❍ Ja	❍ Nein

Jemand, dessen Tagebuch du zu gerne lesen würdest: ______________________

Drei Eigenschaften, die dein Traummann oder deine Traumfrau besitzen müßte:

1 ______________________

2 ______________________

3 ______________________

Drei Eigenschaften, die deine ideale Beziehung haben sollte:

1 ______________________

2 ______________________

3 ______________________

In diesem Alter willst du in Rente gehen: ______________________

So willst du die letzten Jahre deines Lebens verbringen: ______________________

____

So willst du die letzten Minuten deines Lebens verbringen: ______________________

____

Zu deinem letzten Abendessen würdest du gerne diese fünf Personen einladen:

1 ____

2 ____

3 ____

4 ____

5 ____

Als letztes Menü deines Lebens wünschst du dir:

Vorspeise: ____

Hauptgericht: ____

Nachspeise: ____

Bei deinem Begräbnis sollen dich die Trauergäste in Erinnerung behalten als

____

____

Jemand, von dem du dir wünschen würdest, daß er auf deiner Beerdigung spricht:

Jemand, der unter keinen Umständen auf deiner Beerdigung sprechen darf:

Ein Traum, den du mehr als einmal hattest:

Ein Traum, der später in Erfüllung ging oder sich als wahr herausstellte:

Das Gefühl, das du am ehesten verheimlichst: ______________________________

Das Gefühl, das du am häufigsten erlebst: ________________________________

Das in letzter Zeit vorherrschende Gefühl: ________________________________

Ein Moment, in dem du vollkommen glücklich warst: ________________________

____

Du hast starke Schuldgefühle in bezug auf: ________________________________

____

Du wärst momentan neidisch, wenn ______________________________________

____

Ein Musikstück, bei dem du sentimental wirst: ____________________________

____

Die Musik erinnert dich an: ____

____

Wenn du glücklich bist, brauchst du ____________________

Wenn du traurig bist, brauchst du ____________________

Wenn du sentimental bist, brauchst du ____________________

Wenn du wütend bist, brauchst du ____________________

Wenn du verliebt bist, brauchst du ____________________

Wenn du einsam bist, brauchst du ____________________

Du würdest vor Freude jubeln, wenn dir jemand sagen würde:

____

Du warst das letzte Mal wütend, als ____________________

____

Du hast das letzte Mal hemmungslos geweint, als ____________________

____

Ein Augenblick in deinem Leben, als du absolut nichts mehr empfunden hast:

____

Jemand, der dich sehr glücklich gemacht hat oder macht: ______________________

____

Etwas, das dich glücklich macht: ______________________________________

____

Du ärgerst dich über dich selbst, wenn du ______________________________

____

Jemand oder etwas, der oder das dich in dieser Woche zum Lachen gebracht hat:

____

Welche Farbe paßt für dich zu:

Angst: ____________________________ Liebe: ____________________________

Glück: ____________________________ Traurigkeit: ________________________

Wut: ______________________________ Schuld: ___________________________

Eifersucht: ________________________ Einsamkeit: ________________________

Deine früheste Erinnerung: ______________________________

Als Kind glaubtest du: ______________________________

____

Glaubst du es immer noch? ❍ Ja ❍ Nein

Dein erster Kuß.

Wann: ______________ Wo: ______________

Mit wem: ______________________________

Das erste Mal, daß du verliebt warst.

Wann: ______________ Wo: ______________

In wen: ______________________________

Das letzte Mal, daß du verliebt warst.

Wann: ______________ Wo: ______________

In wen: ______________________________

Beschreibe deine erste bezahlte Arbeit: ______________________________

____

Wie alt warst du? ______________

Beschreibe deine bestbezahlte Arbeit: ______________________________

____

Wie alt warst du? ______________

Deine lebhafteste Kindheitserinnerung: ______________________________

____

Eine Erinnerung an etwas, das dich bis heute verfolgt: __________________

____

Eine Erinnerung, bei der du immer noch lachen mußt: __________________

____

Jemand, der außergewöhnlich gut zu dir war: ________________________

Jemand, der dir lange Kummer bereitet hat: ________________________

Einer deiner friedvollsten Momente: ______________________

____

Dein schönster Geburtstag: ______________________

Eine deiner traurigsten Erinnerungen: ______________________

____

Einer deiner eifersüchtigsten Augenblicke: ______________________

____

Einer deiner wütendsten Augenblicke: ______________________

____

Dein schlimmster Geburtstag: ______________________

Einer deiner verzweifeltsten Momente: ______________________

____

Jemand, dem du am liebsten nie begegnet wärst: ______________________

____

Einer deiner bewegtesten Momente: ____________________

____

Eine Erinnerung oder Geschichte, die du gerne übertreibst: ____________________

____

Einer deiner peinlichsten Augenblicke: ____________________

____

Ein Geruch, der dich an deine Kindheit erinnert: ____________________

____

Ein Gegenstand aus deiner Kindheit, den du immer noch besitzt oder an den du dich gut erinnerst:

____

Eine alltägliche Begebenheit aus deiner Kindheit, an die du dich erinnerst:

____

____

❍ Sonnenaufgang oder ❍ Sonnenuntergang.

❍ Süß oder ❍ sauer.

❍ Sahara oder ❍ Himalaya.

❍ Delphin oder ❍ Adler.

❍ Alt oder ❍ neu.

❍ Heiß oder ❍ kalt.

❍ Coca-Cola oder ❍ Pepsi-Cola.

❍ Weich oder ❍ hart.

❍ Zug oder ❍ Flugzeug.

❍ Gestern oder ❍ morgen.

❍ Rot oder ❍ blau.

❍ Schnell oder ❍ langsam.

❍ Beatles oder ❍ Elvis.

❍ Blind oder ❍ taub.

❍ Offen oder ❍ geschlossen.

❍ Bad oder ❍ Dusche.

❍ Viereck oder ❍ Kreis.

❍ Feuer oder ❍ Wasser.

❍ Blitz oder ❍ Donner.

❍ Schwarz oder ❍ weiß.

❍ Meer oder ❍ Wald.

❍ Hunde oder ❍ Katzen.

❍ Tag oder ❍ Nacht.

❍ Blätter oder ❍ Wurzeln.

❍ Links oder ❍ rechts.

❍ Feuerbestattung oder ❍ Beerdigung.

❍ Opfer oder ❍ Verbrecher.

❍ Gerade oder ❍ ungerade.

❍ Schriftlich oder ❍ mündlich.

❍ Frau oder ❍ Mann.

❍ Teppich oder ❍ Parkettboden.

❍ Erdbeben oder ❍ Wirbelsturm.

❍ Stadt oder ❍ Land.

❍ Vanille oder ❍ Schokolade.

❍ Abstrakt oder ❍ gegenständlich.

❍ Begrenzt oder ❍ offen.

❍ Haus oder ❍ Wohnung.

❍ ! oder ❍ ?

❍ Sonne oder ❍ Regen.

❍ Slips oder ❍ Boxershorts.

❍ Kugelschreiber oder ❍ Bleistift.

❍ Blasinstrumente oder ❍ Streicher.

❍ Sommer oder ❍ Winter.

❍ Horizontal oder ❍ vertikal.

❍ Schicksal oder ❍ Wille.

❍ Allein oder ❍ gemeinsam.

❍ New York oder ❍ Paris.

❍ Silber oder ❍ Gold.

Dinge, vor denen du Angst hast:

- ❍ Versagen
- ❍ Wasser
- ❍ Spinnen
- ❍ Menschenmengen
- ❍ Haarausfall
- ❍ Spritzen
- ❍ Sirenen
- ❍ Messer
- ❍ Sonstiges: ____________________

Deine größte Angst: ____________________

Der Augenblick, in dem du am meisten Angst hattest: ____________________

____

Ein Verbrechen oder eine Naturkatastrophe, dem oder der du zum Opfer gefallen bist:

____

Ein Verbrechen oder eine Naturkatastrophe, vor dem oder der du Angst hast:

____

Eine Krankheit, vor der du Angst hast: ____________________

Ein Grund, aus dem du ernsthaft Selbstmord in Erwägung ziehen würdest:

____

Deine größte Angst im Hinblick auf das Älterwerden: ______________________

____

Wenn du Menschen das erste Mal begegnest, hast du Angst, sie könnten glauben

____

Ein Land, in das du dich nicht zu reisen wagst: ______________________

Deine größte Angst im Hinblick auf die Ehe: ______________________

____

Deine größte Angst im Hinblick auf eigene Kinder: ______________________

____

Etwas, worüber du ungern reden würdest:

____

Ein Plan, von dem du befürchtest, daß er scheitern könnte:

____

____

Eine Schlange streicheln:

❍ Hast du getan. ❍ Würdest du tun. ❍ Würdest du nie tun.

Eine Woche in einem leeren Raum verbringen:

❍ Hast du getan. ❍ Würdest du tun. ❍ Würdest du nie tun.

Mit einem Heißluftballon fahren:

❍ Hast du getan. ❍ Würdest du tun. ❍ Würdest du nie tun.

Ein Tier töten *(Fische, Vögel und Insekten ausgenommen):*

❍ Hast du getan. ❍ Würdest du tun. ❍ Würdest du nie tun.

Fallschirmspringen:

❍ Hast du getan. ❍ Würdest du tun. ❍ Würdest du nie tun.

Vor einem großen Publikum singen:

❍ Hast du getan. ❍ Würdest du tun. ❍ Würdest du nie tun.

Tauchen:

❍ Hast du getan. ❍ Würdest du tun. ❍ Würdest du nie tun.

In einer Achterbahn ganz vorne sitzen:

❍ Hast du getan. ❍ Würdest du tun. ❍ Würdest du nie tun.

Ein Baby zur Welt bringen:

❍ Hast du getan. ❍ Würdest du tun. ❍ Würdest du nie tun.

Durch den Amazonas schwimmen:

❍ Hast du getan. ❍ Würdest du tun. ❍ Würdest du nie tun.

Den Beruf wechseln:

❍ Hast du getan. ❍ Würdest du tun. ❍ Würdest du nie tun.

Eine Zeitlang abtauchen:

❍ Hast du getan. ❍ Würdest du tun. ❍ Würdest du nie tun.

Nachts allein durch einen Wald laufen:

❍ Hast du getan. ❍ Würdest du tun. ❍ Würdest du nie tun.

An einer Raumfahrtmission teilnehmen:

❍ Hast du getan. ❍ Würdest du tun. ❍ Würdest du nie tun.

Allen Menschen ehrlich sagen, was du von ihnen hältst:

❍ Hast du getan. ❍ Würdest du tun. ❍ Würdest du nie tun.

Deine eigene Hochzeit absagen:

❍ Hast du getan. ❍ Würdest du tun. ❍ Würdest du nie tun.

In der Hauptverkehrszeit 10 Minuten nackt durch New York laufen:

❍ Hast du getan. ❍ Würdest du tun. ❍ Würdest du nie tun.

Eine Bombe entschärfen:

❍ Hast du getan. ❍ Würdest du tun. ❍ Würdest du nie tun.

Die Fenster eines Wolkenkratzers von außen putzen:

❍ Hast du getan. ❍ Würdest du tun. ❍ Würdest du nie tun.

Der *Mona Lisa* mit einem Filzstift einen Schnurrbart malen:

❍ Hast du getan. ❍ Würdest du tun. ❍ Würdest du nie tun.

Mit Elvis Presley auf Tournee gehen:

❍ Hast du getan. ❍ Würdest du tun. Würdest du nie tun.

Dein Vorname rückwärts geschrieben lautet: ______________________

Schreibe den Anfangsbuchstaben deines Vor- und Zunamens auf die folgenden Zeilen:

Vorname: ________________ Nachname: ________________

Schreibe jetzt spontan fünf Wörter auf, die jeweils mit diesem Buchstaben beginnen:

1 ________________ 1 ________________

2 ________________ 2 ________________

3 ________________ 3 ________________

4 ________________ 4 ________________

5 ________________ 5 ________________

Etwas, was dich in letzter Zeit beschäftigt hat: ________________

____

Etwas, was dich seit langem beschäftigt: ________________

____

Eine Zeit in deinem Leben, in der du dich geborgen gefühlt hast:

____

Eine Zeit in deinem Leben, in der sich jemand zu sehr um dich gekümmert hat:

____

Eine Zeit in deinem Leben, in der du dich schutzlos gefühlt hast:

____

Das erste Mal, als du Macht entdeckt hast: ____________________

____

Das Buch, das dich etwas Wesentliches gelehrt hat: ____________________

____

Der Autor, der dich am stärksten berührt hat: ____________________

____

Das Musikstück, das ein starkes Gefühl in dir ausgelöst hat: ____________________

____

Der Film, der dich am stärksten bewegt hat: ______________________________

____

Das Ereignis, das dich am stärksten berührt hat: __________________________

____

Drei Menschen, die dich am meisten beeinflußt haben:

1 ____

2 ____

3 ____

Nenne einen Buch- oder Filmtitel, der dich charakterisiert: __________________

____

Nenne einen Buch- oder Filmtitel, der dein Leben charakterisiert: _____________

____

Zeichne, ohne an deinem künstlerischen Talent zu zweifeln, ein Selbstporträt.

Du fühlst dich am wohlsten

- ❍ allein.
- ❍ bei der Arbeit.
- ❍ in einer Gruppe.
- ❍ zu zweit.
- ❍ beim Beobachten von anderen.

Wenn du jemanden unbedingt kennenlernen willst, sagst oder fragst du:

____

____

Bei gesellschaftlichen Anlässen neigst du dazu,

- ❍ dich selbst vorzustellen.
- ❍ darauf zu warten, daß sich die anderen vorstellen.

Wenn du dich zu jemandem hingezogen fühlst,

- ❍ willst du die Katze sein.
- ❍ willst du die Maus sein.

Dein romantischstes Erlebnis: ______________________________

____

Der größte Altersunterschied, den du in einer Beziehung hattest: __________

Wer war jünger? ______________________________

Jemand, den du in kurzer Zeit erobert hast:

Jemand, den du lange umworben hast:

Jemand, dem du über lange Zeit erfolglos nachgelaufen bist:

Etwas, was jemand gesagt oder getan hat, das ungeheuer anziehend auf dich wirkte:

Etwas, was jemand gesagt oder getan hat, das schrecklich abstoßend auf dich wirkte:

Eine Redensart über Frauen oder Männer, die du zutreffend findest:

Zwei Dinge, die an Frauen anziehend sind:

1 ______________________ 2 ______________________

Zwei Dinge, die an Frauen nicht anziehend sind:

1 ______________________ 2 ______________________

Zwei Dinge, die an Männern anziehend sind:

1 ______________________ 2 ______________________

Zwei Dinge, die an Männern nicht anziehend sind:

1 ______________________ 2 ______________________

Deine Freunde sind eher

- ❍ männlich.
- ❍ weiblich.
- ❍ älter als du.
- ❍ jünger als du.

Ein körperliches Merkmal, das du attraktiv findest: ______________________

____

Eine geistige Eigenschaft, die du anziehend findest: ____________________

____

Ein Wesenszug, den du attraktiv findest: ____________________

Du bist leicht irritiert, wenn dich jemand fragt: ____________________

____

Du findest es aufregend, wenn dich jemand fragt: ____________________

____

Deine heimliche Leidenschaft: ____________________

Dein längstgehegter Groll: ____________________

Du glaubst wirklich, daß du den Rest deines Lebens mit einem Menschen verbringen kannst. ❍ Ja ❍ Nein

Du magst Überraschungen. ❍ Ja ❍ Nein

Jemand hat schon einmal eine Überraschungsparty für dich gegeben. ❍ Ja ❍ Nein

Du hast schon einmal für jemand eine Überraschungsparty gegeben. ❍ Ja ❍ Nein

Es tut dir leid, daß du mit diesem Menschen nie eine Beziehung hattest:

___

Ein Typ Mensch, mit dem du nicht zurechtkommst: ___

___

Das Sternzeichen, das am besten zu dir paßt: ___

Das Sternzeichen, das am wenigsten zu dir paßt: ___

Das Sternzeichen deines momentanen Partners: ___

Das Sternzeichen deines letzten Partners: ___

Du und dein Partner streiten am häufigsten über dieses Thema: ___

___

In deinen Beziehungen

- ❍ triffst meist du die Entscheidungen.
- ❍ trifft meist dein Partner die Entscheidungen.

In der Arbeit

- ❍ triffst meist du die Entscheidungen.
- ❍ treffen meist andere die Entscheidungen.

Die größte Entfernung, die du zurücklegen würdest, um einen Menschen zu treffen, den du begehrst:

Die größte Entfernung, die du je zurückgelegt hast, um einen Menschen zu treffen, den du begehrt hast:

Was dir an einer festen Beziehung am besten gefällt:

Was dich an einer festen Beziehung am meisten stört:

Das ist besonders sexy an dir: ______________________________

Das körperliche Merkmal, für das du am häufigsten Komplimente bekommst:

____

Ein Ort, an dem du schon immer mit jemandem schlafen wolltest:

____

Ein wunderbarer Ort, an dem du mit jemandem geschlafen hast:

____

Ein sonderbarer Ort, an dem du mit jemandem geschlafen hast:

____

Eine besondere Stelle an deinem Körper, wo ein Kuß oder eine Berührung unglaublich gut tut:

____

Eine unerfüllte sexuelle Phantasie: ______________________________

____

Eine ausgelebte sexuelle Phantasie: ______________________________

____

Ein Geruch, der dich an jemanden erinnert, mit dem du geschlafen hast:

____

Die perverseste Situation, in der du jemals warst:

____

Die ungefähre Anzahl deiner bisherigen Sexualpartner:

❍ unter 10 ❍ 10–20 ❍ 20–30 ❍ 30–40

❍ 40–50 ❍ über 50 ❍ über 100

Es wäre dir lieber, es wären

❍ weniger gewesen. ❍ mehr gewesen.

Der größte Altersunterschied zwischen dir
und jemandem, mit dem du geschlafen hast: ______________________

Wer war jünger? ______________________________________

Das erste Mal, als du einen Orgasmus hattest: ______________________

Jemand, mit dem du lieber nicht geschlafen hättest: ______________________

Jemand, mit dem du leider nicht geschlafen hast: ______________________

Du fühlst dich am attraktivsten, wenn ______________________

Jemand, der phantastisch küßt: ______________________

Ein hemmungsloser Liebhaber: ______________________

Dein schlechtester Liebhaber: ______________________

Ein Buch-, Song- oder Filmtitel, der deine Sexualität am besten beschreibt:

____

Sex ist: ______________________

____

Wenn du mehr Zeit für dich hättest, ______________________

____

Wenn du an der Welt etwas ändern könntest, ______________________

____

Wenn du ein Flugticket an einen Ort deiner Wahl hättest, ______________________

____

Wenn du an jedem Ort der Welt leben könntest, ______________________

____

Wenn du in jede historische Epoche reisen könntest, ______________________

____

Wenn du in jeder historischen Epoche leben könntest, ______________________

____

Wenn du Gott eine Frage stellen könntest, ______________________

____

Wenn du könntest, würdest du mit dieser berühmten Persönlichkeit Zeit verbringen:

____

Wenn du berühmt sein könntest, dann am liebsten als: ______________

____

Wenn du in einer Sekunde etwas an deinem Aussehen ändern könntest,

____

Auf einer einsamen Insel sollten diese drei Menschen dabei sein:

1 ______________________________

2 ______________________________

3 ______________________________

Das erste, was du auf einer einsamen Insel tun würdest: ______________

____

Das erste, was du nach deiner Rückkehr von einer einsamen Insel tun würdest:

____

Wenn du ein Gesetz ändern könntest, ______________________________

Wenn du im Gefängnis wärst, würdest du damit deine Zeit verbringen:

____

Wenn du eine Erinnerung auslöschen könntest, ______________________

____

Wenn du zuviel Geld hättest, ____________________________________

____

Wenn du eine Million hättest, ___________________________________

____

Wenn du den Zeitpunkt deines Todes bestimmen könntest, ___________

____

Wenn du einen Menschen von den Toten aufwecken könntest, _________

____

Wenn du Flügel hättest, ______________________________

____

Wenn du Königin oder König deines Landes wärst, ______________________________

____

Wenn du eine Pflanze wärst, dann wärst du ______________________________

____

Wenn du ein Getränk oder ein Cocktail wärst, dann wärst du ______________________________

____

Wenn du noch einmal von vorne anfangen könntest, ______________________________

____

Deine derzeitige Lebensphilosophie: ______________________________

____

Etwas Bemerkenswertes, was dir in diesem Monat passiert ist: ____________

____

Zwei Dinge, die du heute getan hast:

1 ____

2 ____

Die zwei Menschen, an die du am häufigsten denken mußt:

1 ____

2 ____

Etwas, das du in dieser Woche gelernt hast: ______________________

____

Etwas, das du jetzt lernen mußt: __________________________

____

Dein wichtigstes Ziel im Augenblick: ______________________________

____

Es wäre im Augenblick eine große Erleichterung, wenn ______________

____

Das beste Wort, um dein derzeitiges Liebesleben zu beschreiben:

____

Das beste Wort, um deine derzeitige Beziehung zu beschreiben:

____

Das beste Wort, um deine derzeitige Arbeitssituation zu beschreiben:

____

Das beste Wort, um dein Leben zu beschreiben:

____

Dein größtes Hindernis: ______________________________________

Du bist heute glücklicher als früher. ❍ Ja ❍ Nein

Das Wichtigste im Leben: ______________________________

____

Die letzte Person, zu der du »Ich liebe dich« gesagt hast: ______________

Eine Erkenntnis, die man einem Kind weitergeben muß: ______________

Nachdem du nun alle Fragen in *Alles über mich* beantwortet hast, stelle dir eine letzte Frage:

____

____

____

Die Antwort auf deine Frage lautet: ______________________________

____

____

____

NOTIZEN

NOTIZEN

NOTIZEN

NOTIZEN